Música para Acordeom

TRIBUTO A DOMINGUINHOS

Arranjos de
Roberto Bueno

Nº Cat.: 335-A

Irmãos Vitale Editores Ltda.
vitale.com.br
Rua Raposo Tavares, 85 São Paulo SP
CEP: 04704-110 editora@vitale.com.br Tel.: 11 5081-9499

© Copyright 2012 by Irmãos Vitale Editores Ltda. - São Paulo - Rio de Janeiro - Brasil.
Todos os direitos autorais reservados para todos os países. *All rights reserved.*

créditos

Capa e editoração
Fabiana de Almeida Pires / Willian Kobata

Revisão Ortográfica
Marcos Roque

Coordenação editorial
Roberto Votta

Produção Executiva
Fernando Vitale

Fotos gentilmente cedidas por JRDArt e Produções Ltda.

CIP-BRASIL. CATALOGAÇÃO NA FONTE
SINDICATO NACIONAL DOS EDITORES DE LIVROS - RJ.

B944m
Bueno, Roberto, 1944-
    Música para acordeom : tributo a Dominguinhos / arranjos de Roberto Bueno. - 1.ed. –
São Paulo : Irmãos Vitale, 2012.
   60p.

   ISBN 978-85-7407-362-0

   1. Morais, José Domingos de.
   2. Acordeão - Métodos.
   3. Música para acordeão.
       I. Morais, José Domingos de.
       II. Título.

12-6981.   CDD: 788.86
                                                                                                       CDU: 780.647.2

25.09.12   25.09.12   039027

índice

Prefácio 4
Introdução 5
Agradecimento 6
O autor 7
Teclado para a mão direita 11
Grafia universal para acordeom 12
Quadro dos baixos 13
Os acordes maiores 14
Os acordes menores 15
Os acordes da sétima dominante 16
Os acordes da sétima diminuta 17

Músicas

Abri a porta 21
Canta Luiz 23
Caxinguelê 25
De volta pro aconchego 27
Estrada de Canindé 31
Eu só quero um xodó 34
Gostoso demais 37
Isso aqui tá bom demais 40
Lamento sertanejo 43
Nilopolitano 45
O xote das meninas 48
Pedras que cantam 51
Xamego 54

prefácio

Dominguinhos (José Domingos de Morais), interprete e compositor. Nasceu em Garanhuns (PE) aos 12 de fevereiro de 1941. Aos seis anos de idade, com seus irmãos Morais (pianista) e Valdo (acordeonista), já tocava sanfona de oito baixos nas portas dos hotéis e nas feiras de Garanhuns, Caruaru e outros municípios vizinhos. Aos sete anos, foi ouvido por Luiz Gonzaga, que lhe deu seu endereço no Rio de Janeiro. Seis anos depois, indo morar com o pai e o irmão mais velho na Baixada Fluminense, em Nilópolis (RJ) (onde aos sábados participava de forrós), resolveu procurar Luiz Gonzaga e ganhou uma sanfona. Formou, em 1957, um trio com Borborema e Miudinho, e pouco depois precisou aprender os ritmos da moda, como bolero e samba-canção (pois só sabia tocar baião), para se apresentar com o irmão Morais num cassino em Vitória (ES). De volta ao Rio de Janeiro, tocou na gafieira Cedofeita, na Churrascaria Gaúcha, na Boate Balalaika e no Dancing Brasil, onde formou o grupo Nenê e seu Conjunto (Nenê foi seu primeiro apelido). Em 1967, apresentou-se na Rádio Nacional, sendo convidado por Pedro Sertanejo para gravar pelo selo Cantagalo seu primeiro LP. Gravou em seguida mais sete LPs de forró pela mesma gravadora. Formou, em 1968, uma dupla com a compositora e cantora Anastácia e, em 1972, tocou pela primeira vez em teatro, no show Luiz Gonzaga Volta pra Curtir realizado no Teatro Tereza Rachel (RJ), no qual se destacou. Fez parte, no ano seguinte, do grupo que acompanhou Gal Costa em sua apresentação no Midem (Marché International du Disque et de l'Edition Musicale), em Cannes, França. De volta ao Brasil, acompanhou Gal Costa no show Índia. Seu maior sucesso como compositor foi "Eu só quero um xodó" (com Anastácia), gravado por Gilberto Gil em 1974, ano em que participou do show A Feira, com o Quinteto Violado. Dominguinhos tocou ainda em vários espetáculos de Gilberto Gil, Caetano Veloso, Gal Costa e Maria Bethânia.

Professora Maria Cristina Barbato
Diretora mantenedora da Escola de Música Som de Cristal

introdução

Eu e o meu amigo acordeom.

Numa bela tarde, caminhando pelo largo Nossa Senhora do Bom Parto, no bairro do Tatuapé, na cidade de São Paulo, uma música, vinda de um sobrado, chamou-me a atenção. Eu, na época, com oito anos de idade, fascinado pela melodia, parei para apreciar o som do acordeom que adentrou em minha alma causando-me encantamento. Humildemente, esperei que a música terminasse e perguntei à jovem que a executou tão brilhantemente o nome daquela canção e quem era seu professor. Gentilmente, respondeu-me que tocara a valsa "Desde el alma" e que estudava com o professor Oscar Santo André. Com esse professor, que hoje se encontra no plano maior, iniciei os meus primeiros estudos no acordeom e, desde então, busco incansavelmente colocar tão majestoso instrumento musical onde ele realmente merece estar: no topo.

Nos anos 80, o acordeom praticamente desapareceu da cultura nacional. Nessa época, eu, o Lauro Valério, o Oswaldinho do Acordeom, o professor Dante D'Lonso e o doutor Timóteo Garcia Traine nos juntamos e fundamos a Associação dos Acordeonistas do Brasil, entidade sem fins lucrativos, com o objetivo de enaltecer e divulgar tão nobre instrumento. O primeiro encontro aconteceu no sítio do Diolindo, na represa de Guarapiranga (SP), e a partir dessa estreia, o intento começou fluir e vários outros encontros ocorreram em diversas regiões do nosso país.

Falar de Dominguinhos é a coisa mais leve que se pode imaginar. Querido por todos os colegas acordeonistas, por sua nobreza de caráter e humildade, é músico e compositor de primeira linhagem, com obras que se perpetuarão pela eternidade. Nesta coleção, apresento algumas delas já conhecidas do grande público.

A Coleção de Músicas para Acordeom abre uma nova estrada luminosa para o repertório de todos os acordeonistas do Brasil.

Escrevi somente a linha melódica para a mão direita. Acordeonista com maiores conhecimentos terão condições de criar seus próprios arranjos. Quanto à grafia da mão esquerda, segue-se rigorosamente a convenção de Milão, elaborada em 24 de setembro de 1950, que perdura até hoje.

Com este modesto trabalho, espero estar colaborando com os futuros acordeonistas do Brasil.

Com votos de consideração e estima.

Acordeonisticamente,

Professor Roberto Bueno
Presidente da Ordem dos Músicos do Brasil
Conselho Regional do Estado de São Paulo

agradecimento

Ao Fernando Vitale, que se não fosse sua coragem esta obra não existiria. Ao querido amigo William Kobata e a Fabiana de Almeida Pires, sinceros agradecimentos pela editoração desta obra. Aos nobres amigos Amaral e Roberto Votta, pela dedicação e conclusão deste trabalho.

oferecimento

Ao querido amigo professor Ademilton Prado, pela colaboração em digitar as obras contidas neste álbum.

o autor

- Prêmio Quality – Troféu Bandeirantes.
- Jurado do 3º Festival Internacional Roland de Acordeon.
- Homenageado em Sessão Solene em 19 de junho de 2009 pela Assembleia Legislativa de São Paulo.
- Diplomado pelo Sinaprem em 2 de maio de 2009.
- Troféu Homenagem Clube Piratininga (SP).
- Certificado da Banda da Polícia Militar do Estado de São Paulo (SP).
- Diplomado pelo Conservatório de Música Alberto Nepomuceno.
- Professor pela American Accordionists' Association de Nova York.
- Professor pela União Brasileira de Acordeonistas Professor A. Franceschini.
- Diplomado pelo Instituto de Música do Canadá.
- Atual presidente da Ordem dos Músicos do Brasil – Conselho Regional do Estado de São Paulo.
- Recebeu diploma de Honra ao Mérito da Escola de I e II Graus Professor João Borges (SP).
- Certificado de alta interpretação pianística realizada na galeria Traço Cultural (SP).
- Comenda pela Ordem Civil e Militar dos Cavaleiros do Templo pelos serviços prestados à comunidade.
- Conselheiro federal da Ordem dos Músicos do Brasil.
- Acordeonista da AACD (Associação de Assistência à Criança Deficiente).
- Troféu Ordem dos Músicos do Brasil em 1988.
- Placa de Prata pela Asociación de Música de España, Madrid.
- Embaixador do Tango no Brasil, com certificado da cidade de San Cristóbal, província de Santa Fé, na República Argentina.
- Certificado de Honra ao Mérito pelo Lions Club de São Paulo (SP).
- Diploma e Medalha de Mérito Profissional em Música pela Abach (Academia Brasileira de Arte, Cultura e História) (SP).
- Diploma e medalha pela Sociedade Brasileira de Heráldica e Humanística (SP).
- Medalha José Bonifácio de Andrada e Silva (o Patriarca).
- Diploma de membro titular e Medalha da República, conferidos pela Abach (Academia Brasileira de Arte, Cultura e História) (SP).
- Certificado da empresa jornalística Metropolitana S.A.
- Membro dos Amigos de Lomas, da Argentina.
- Atual diretor administrativo da Associação dos Acordeonistas do Brasil.
- Diretor do Conservatório Nacional de Cultura Musical.
- Regente do coral da Icab (Igreja Católica Apostólica Brasileira).
- Regente do American Orthodox Catholic Church.
- Regente do Grupo Robert – International Music.
- Leciona melodia, harmonia e bateria para o curso técnico de jurados do Grupo Especial e do Grupo de Acesso da Liga das Escolas de Samba e União de Escolas de Samba de São Paulo.

O Acordeom

Teclado para mão direita

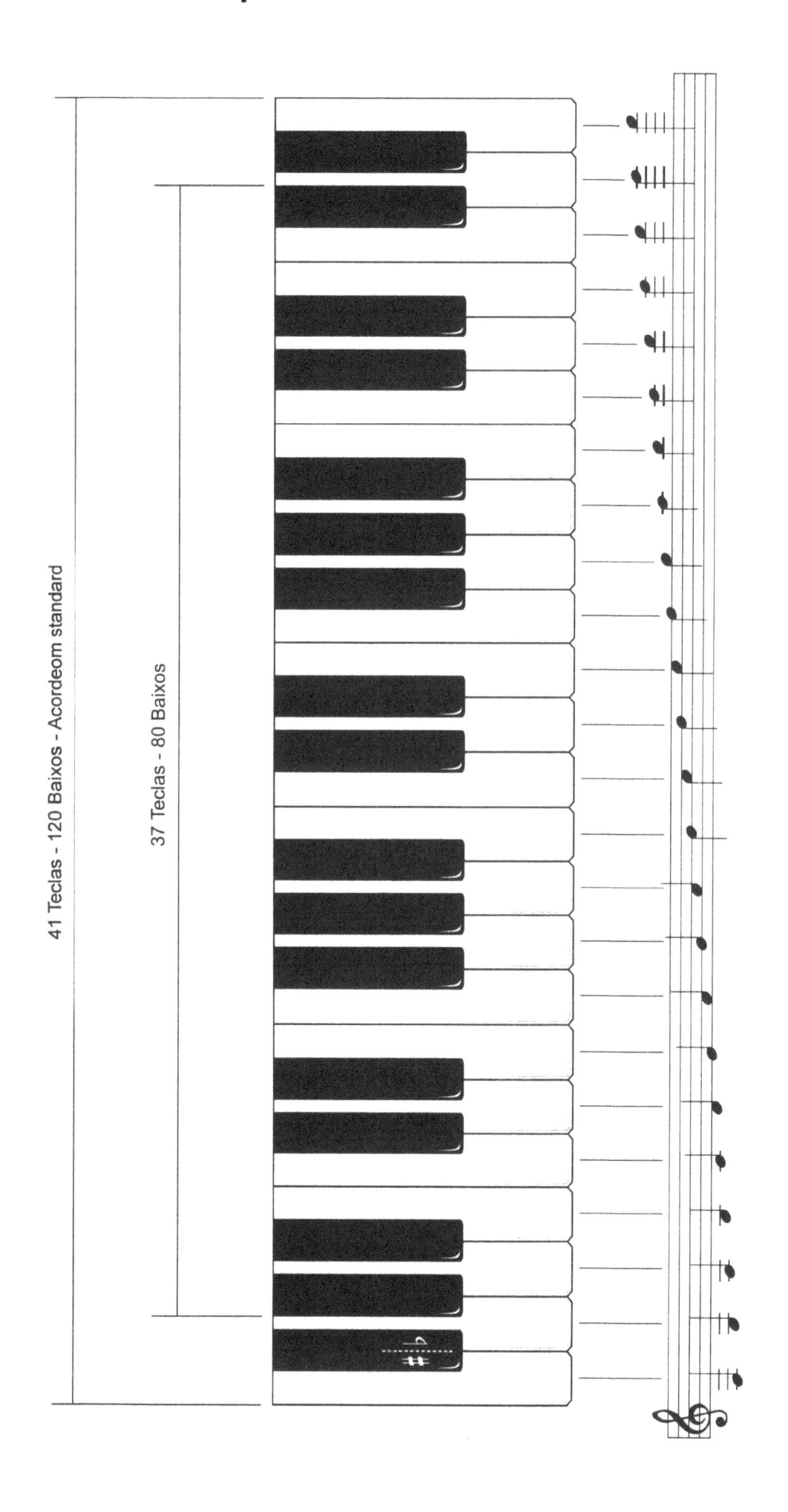

41 Teclas - 120 Baixos - Acordeom standard

37 Teclas - 80 Baixos

Grafia Universal para Acordeom

Mão esquerda usa a clave de Fá (4ª linha). Mão direita, clave de Sol.
 As notas para os baixos são apresentadas no 2º espaço para baixo, abrangendo a extensão da oitava inferior de Dó grave até Dó médio, assim:

Os acordes para a mão esquerda são indicados por meio de notas únicas (a tônica do acorde), abrangendo a extensão da oitava superior do Ré médio até Ré agudo, assim:

Uma única letra sobreposta à nota indica a espécie de acorde, assim:

M - acorde Maior;
m - acorde menor;
7 - acorde de sétima dominante;
d - acorde de sétima diminuída.

As passagens de baixos podem ser escritas nas duas oitavas. Podem ser ultrapassadas quando houver a indicação das letras B.S. (*Basso Soli*), assim:

Um tracinho (_) por baixo de uma nota destinada à mão esquerda indica "contrabaixo", o que se coloca de preferência por baixo do número do dedo, assim:

O abrir e o fechar do fole são indicados por setas dispostas desta maneira:

Abrir o fole   Fechar o fole (volta)

Quadro dos Baixos
(Mão esquerda)

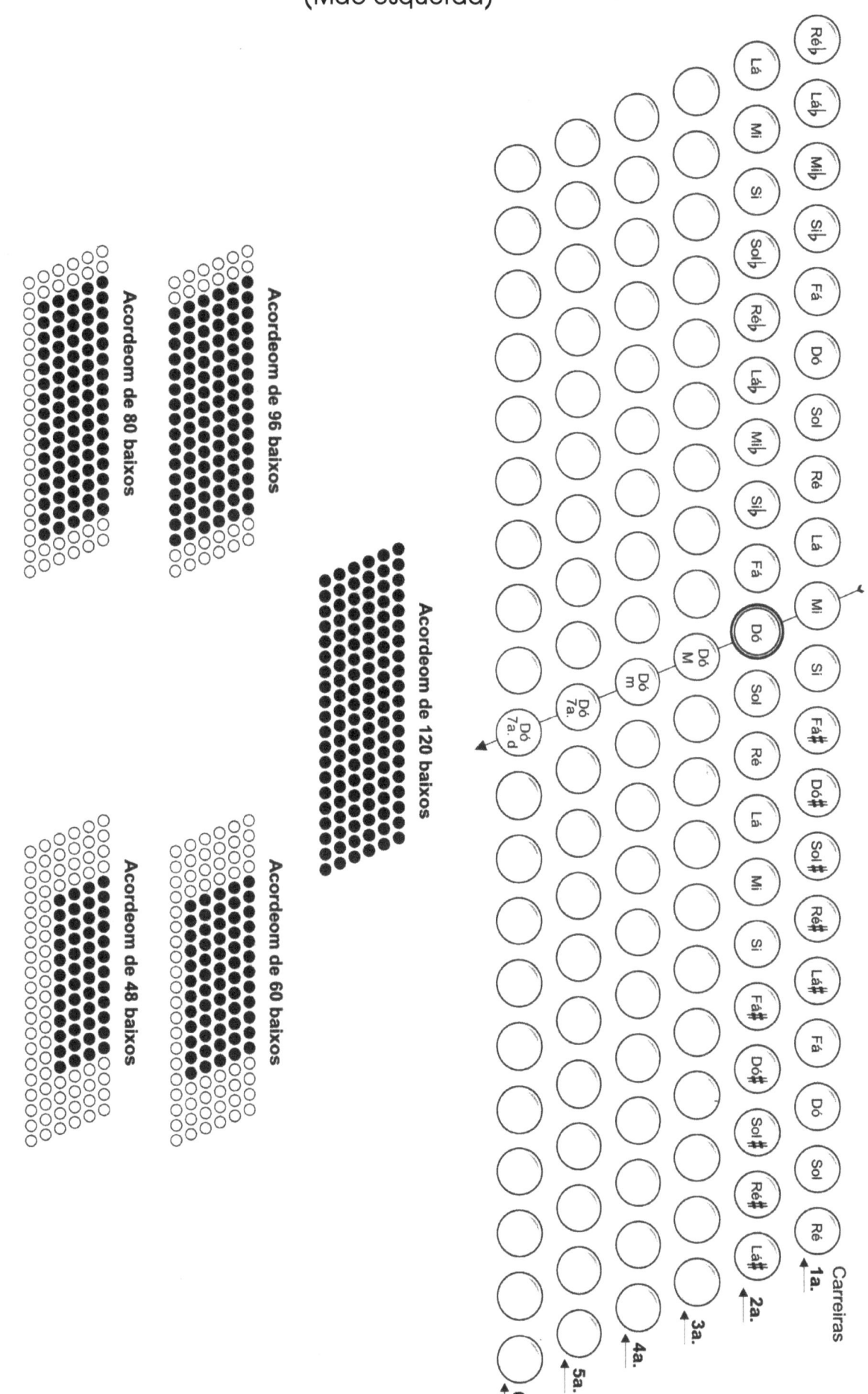

Os Acordes Maiores

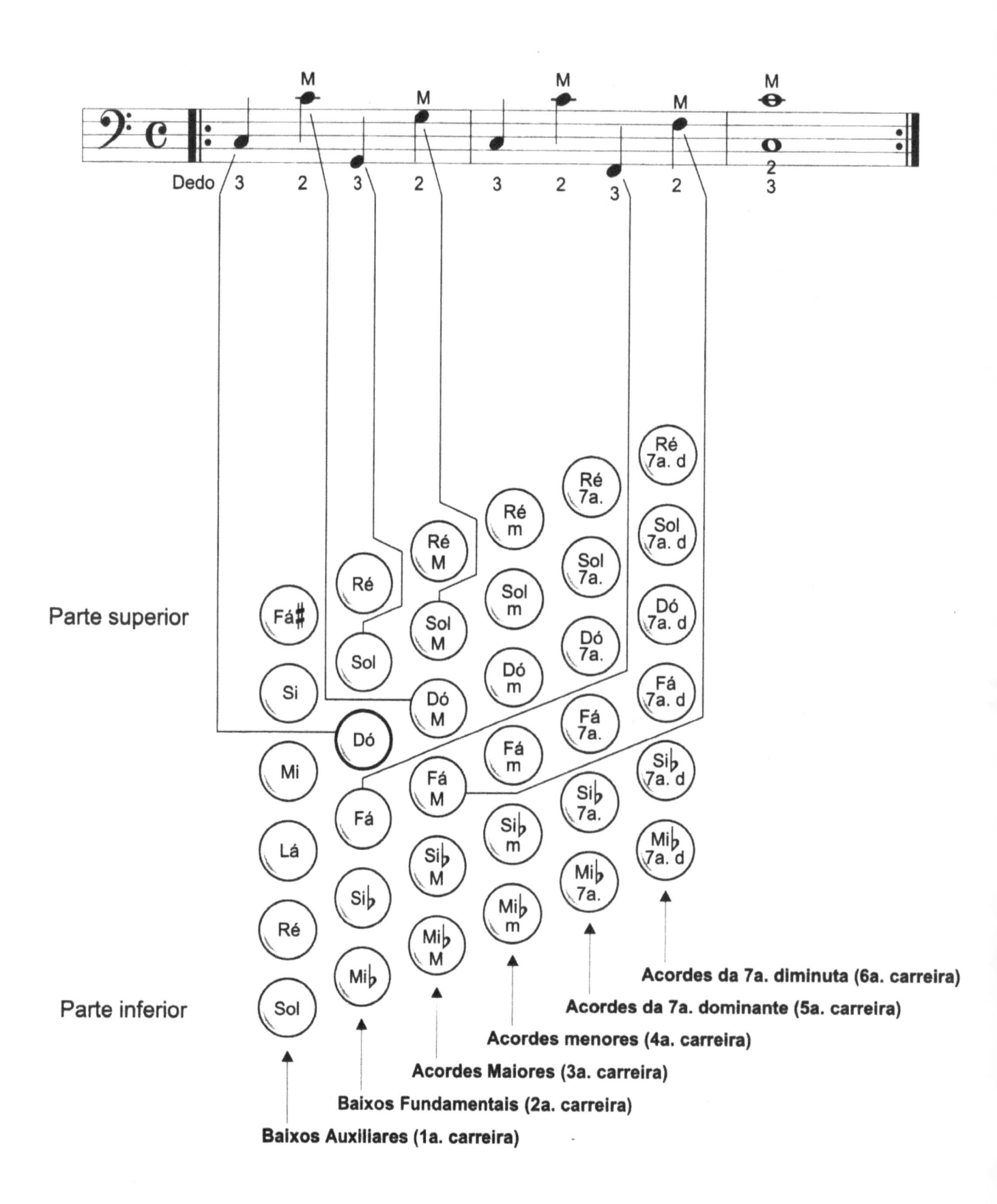

Parte superior

Parte inferior

- Acordes da 7a. diminuta (6a. carreira)
- Acordes da 7a. dominante (5a. carreira)
- Acordes menores (4a. carreira)
- **Acordes Maiores (3a. carreira)**
- Baixos Fundamentais (2a. carreira)
- Baixos Auxiliares (1a. carreira)

Os Acordes Menores

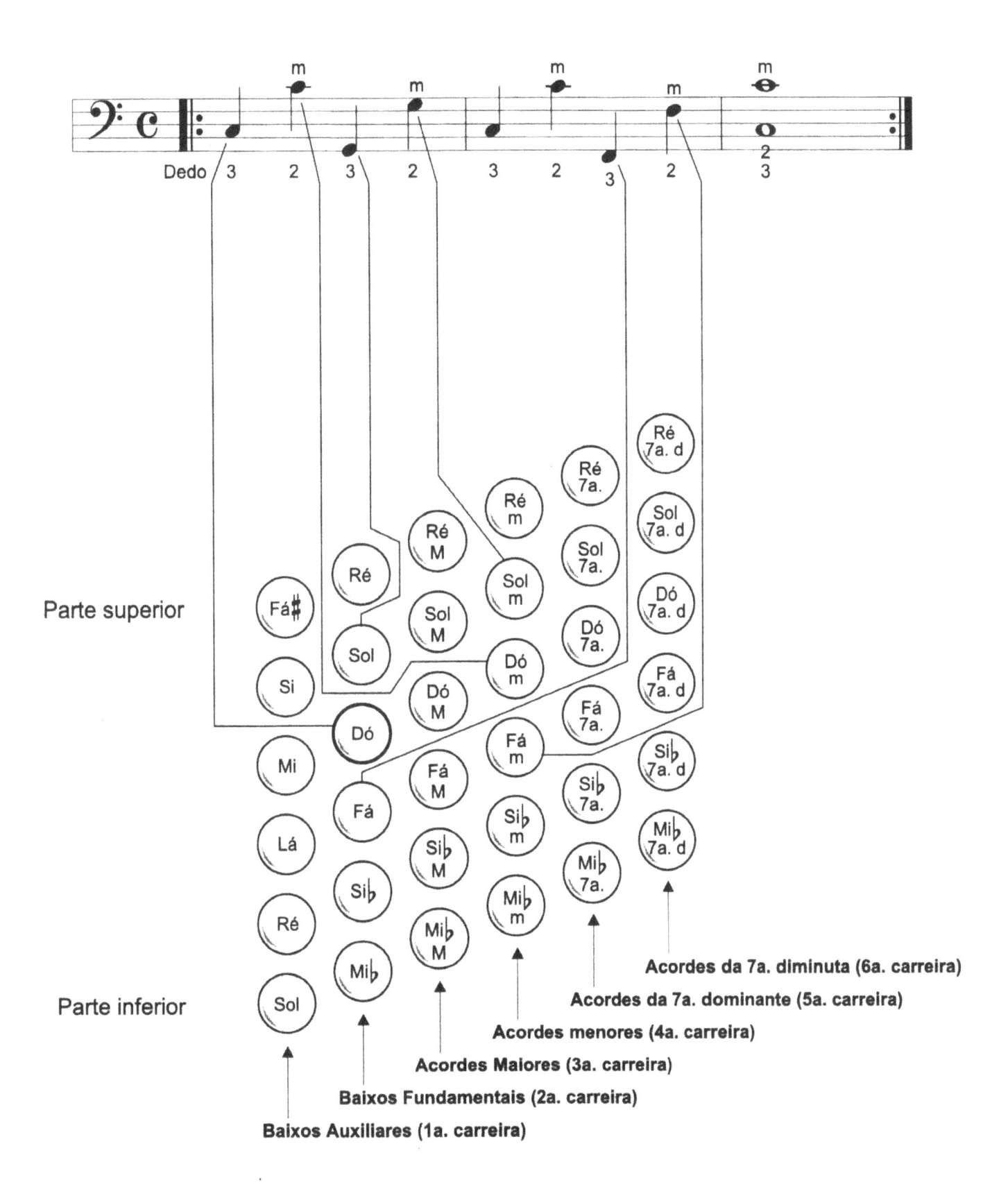

Os Acordes da Sétima Dominante

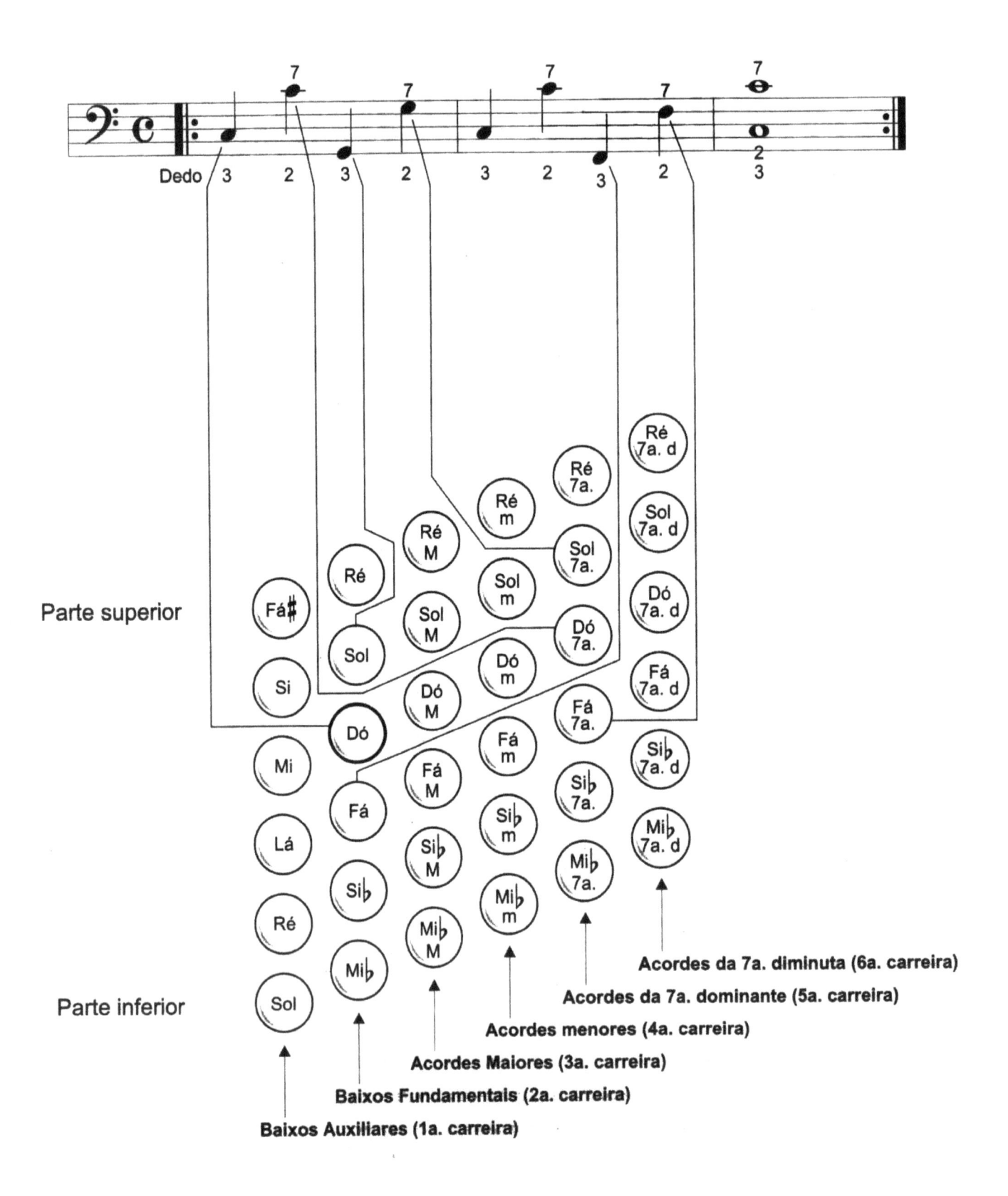

Os Acordes da Sétima Diminuta

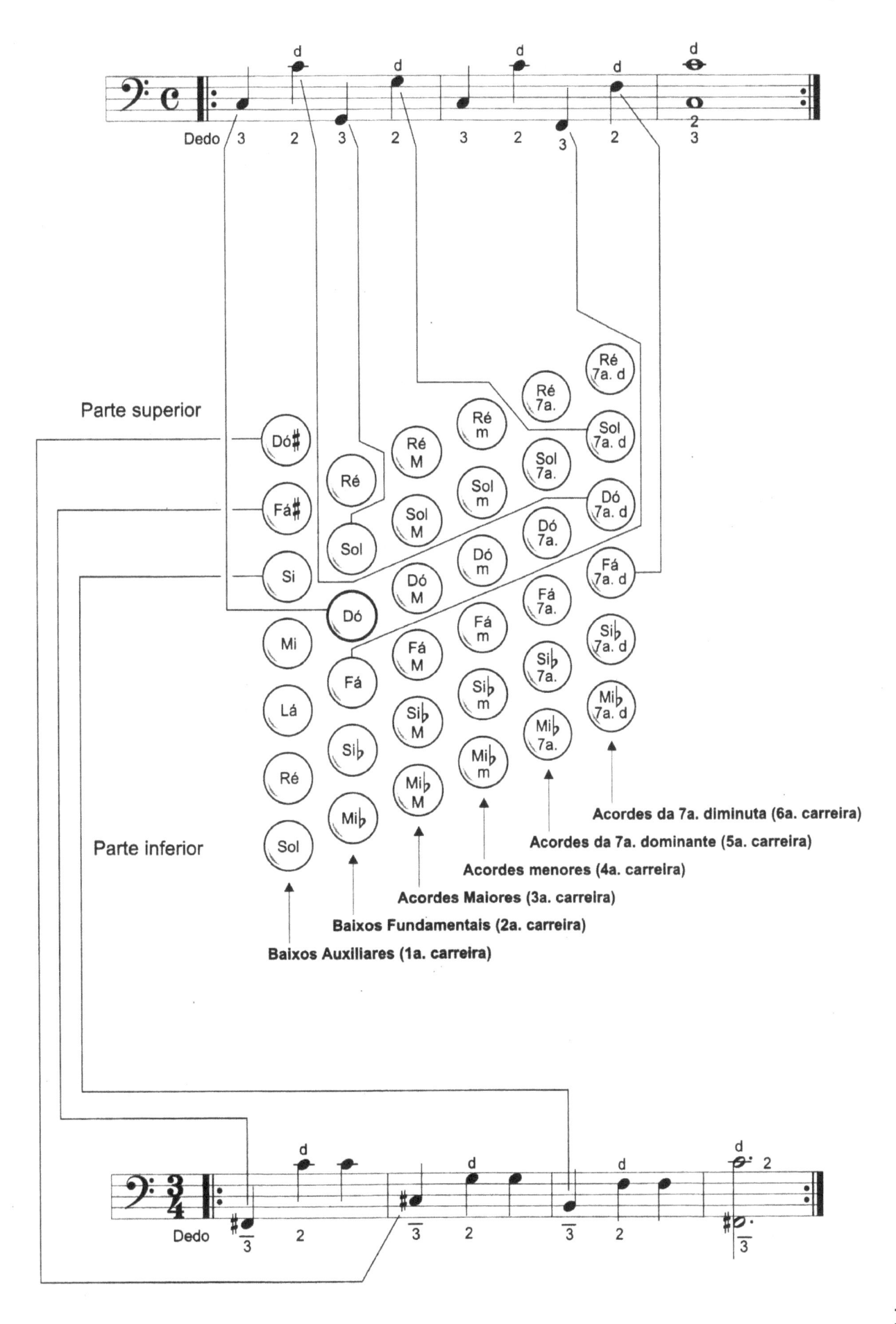

Dominguinhos

Dominguinhos

Dominguinhos

Dominguinhos

Encontro de acordeonistas.
Homenagem à Sivuca.

Prof. Roberto Bueno - Sesc Ipiranga com o Acordeom que pertenceu a Mario Gennari Filho.

Abri a Porta

Arranjo p/ acordeom: Prof. Roberto Bueno

Dominguinhos e Gilberto Gil

Copyright © by GEGE EDIÇÕES MUSICAIS LTDA (100%)

Abri a porta
Apareci
A mais bonita
Sorriu pra mim

Naquele instante me convenci
Que o bom da vida vai prosseguir

Vai prosseguir
Vai dar pra lá do céu azul
Onde eu não sei
Lá onde a lei seja o amor
E usufruir do bom, do mel e do melhor
Seja comum pra qualquer um
Seja quem for

Abri a porta
Apareci
Isso é a vida
É vida sim

Canta Luiz

Arranjo p/ acordeom: Prof. Roberto Bueno

Dominguinhos e Oliveira

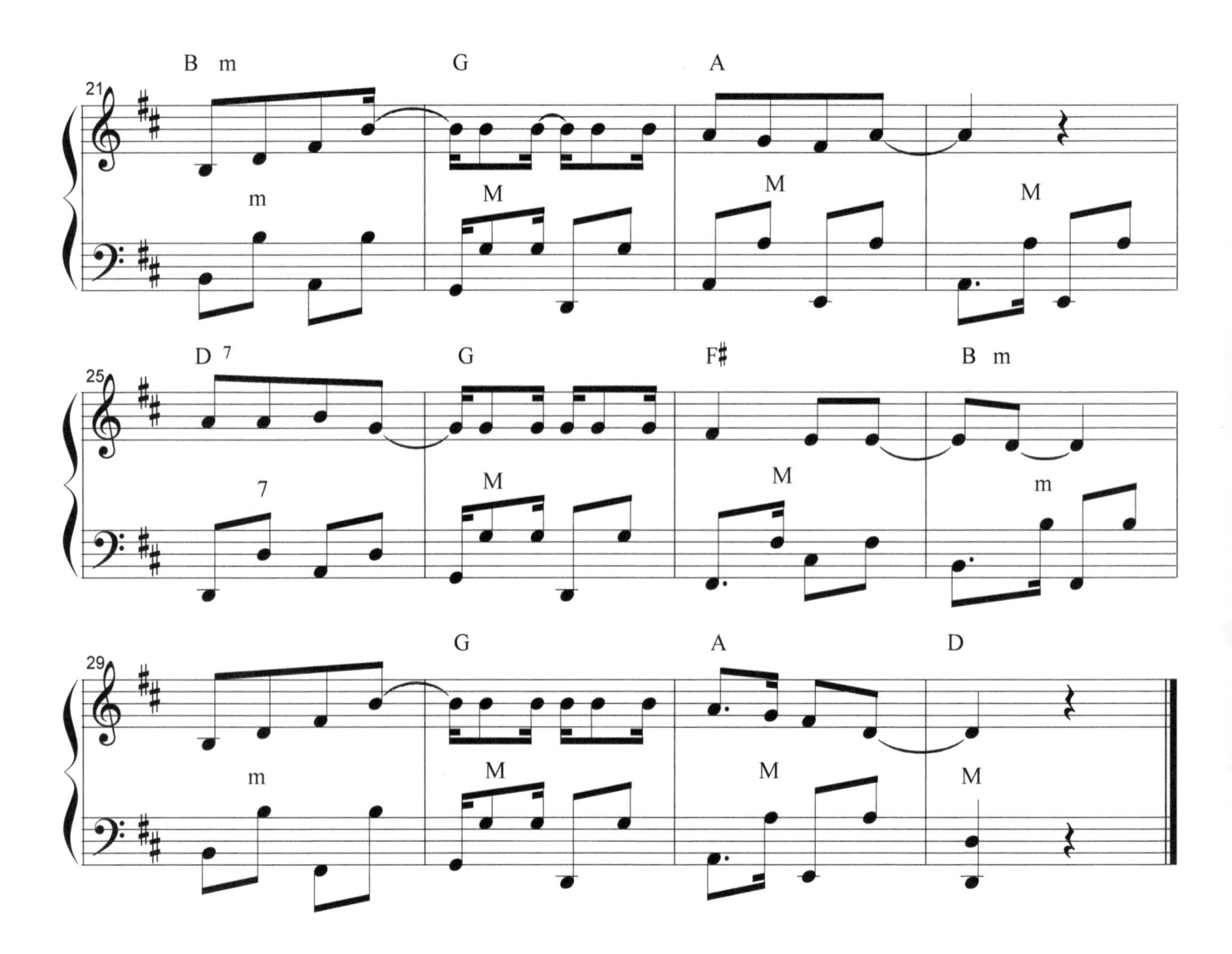

REFRÃO:
Canta Luiz, canta Luiz
Tua sanfona e teu cantar me faz feliz
Toca Luiz, canta pra nós
Quero dormir, acordar com tua voz

Vai, asa branca, cantar lá no Juazeiro
Que o assum preto já chegou pra te escutar
Diz acauã que me espere no umbuzeiro
Que o carão já está começando a cantar

(REFRÃO)

Uma sanfona, gibão e chapéu de couro
E o cantar desse grande sanfoneiro
Sua canção já completou bodas de ouro
Sendo cantada nos rincões do mundo inteiro

(REFRÃO)

Caxinguelê

Arranjo p/ acordeom: Prof. Roberto Bueno

Dominguinhos e Clésio

Copyright © 1981 by UNIVERSAL MUSIC PUBLISHING MGB BRASIL LTDA (100%)

REFRÃO:
Menina cadê caxinguelê
O beijo que você não me deu
Menina cadê caxinguelê
O abraço que você prometeu

Debaixo da serra
Um sobrado assombrado
Do tempo do ouro e dos reis
Que a mata silenciou
Esconde nos muros
Promessas de quem não pagou

(REFRÃO)

No fundo do mar
Um castelo caiado
Dos donos da cana e café
Que o tempo desmoronou
Carrega sem rumo
A esperteza que nunca me enganou

De volta pro aconchego

Arranjo p/ acordeom: Prof. Roberto Bueno

Dominguinhos e Nando Cordel

Copyright © 1985 by UNIVERSAL MUSIC PUBLISHING MGB BRASIL LTDA (100%)

21 Am D7 G G7 C
m 7 M 7 M
25 E7 Am 3 D7 Bm
7 m 7 m
29 E7 Am D7 G
7 m 7 M
33 Dm E7 Am D7 Bm
m 7 m 7 m
37 Bm Am B7 Em
m m 7 m
41 E7 Am D7 G
7 m 7 M

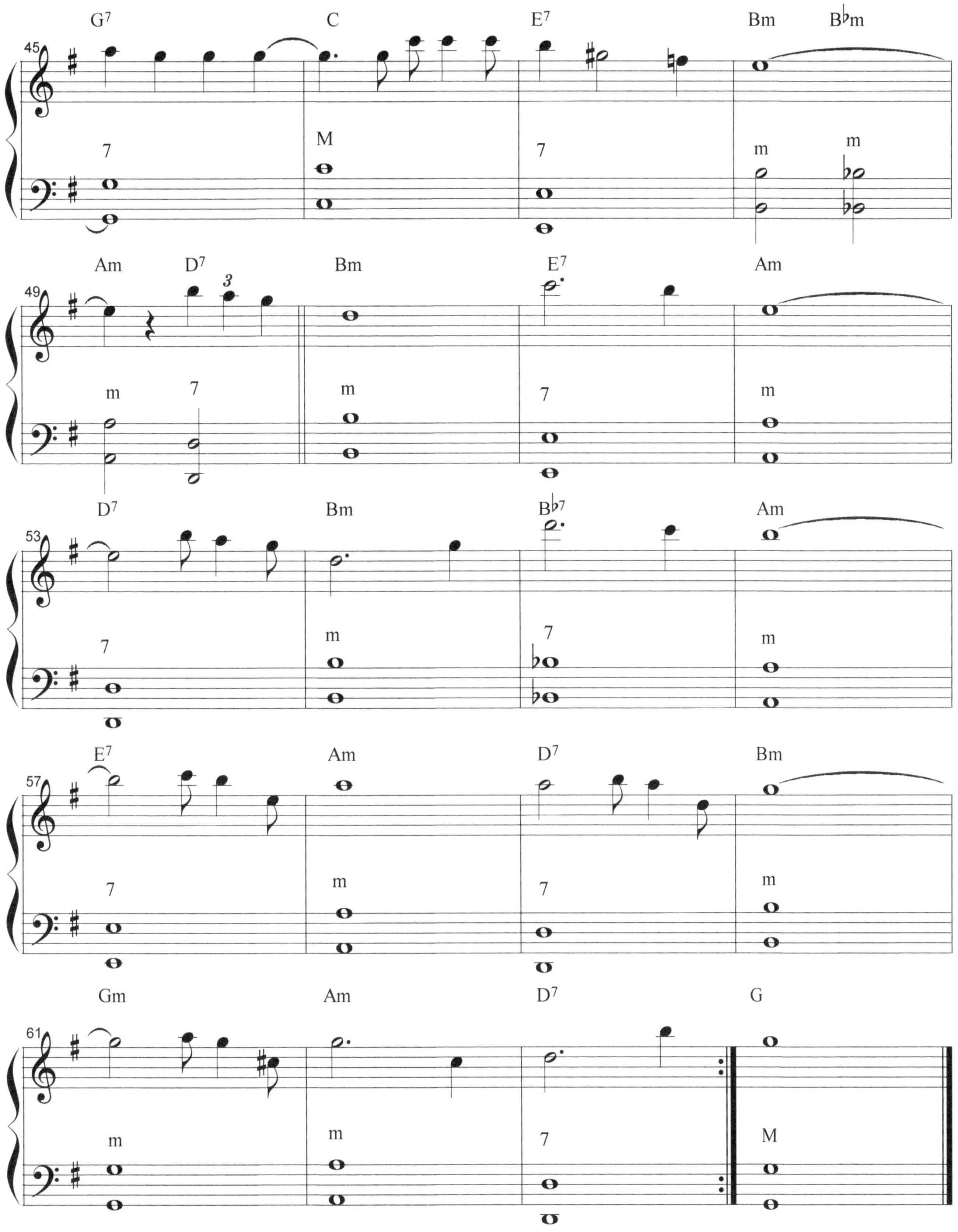
G7 C E7 Bm B♭m
Am D7 Bm E7 Am
D7 Bm B♭7 Am
E7 Am D7 Bm
Gm Am D7 G

Estou de volta pro meu aconchego
Trazendo na mala bastante saudade
Querendo um sorriso sincero
Um abraço para aliviar meu cansaço
E toda essa minha vontade

Que bom poder tá contigo de novo
Roçando teu corpo e beijando você
Pra mim tu és a estrela mais linda
Teus olhos me prendem, fascinam
A paz que eu gosto de ter

É duro ficar sem você vez em quando
Parece que falta um pedaço de mim
Me alegro na hora de regressar
Parece que vou mergulhar na felicidade sem fim

Estrada de Canindé
Toada Baião

Arranjo p/ acordeom: Prof. Roberto Bueno

Luiz Gonzaga e Humberto Teixeira

21 B♭ C7 F
M 7 M M M
25 C7 F
7 M M M
29 D7 Gm C7
M 7 m m 7
33 F
7 M M M
37 B♭ F
M M M M
41 F7 B♭ C7 F
7 M 7 M D.S. al Coda

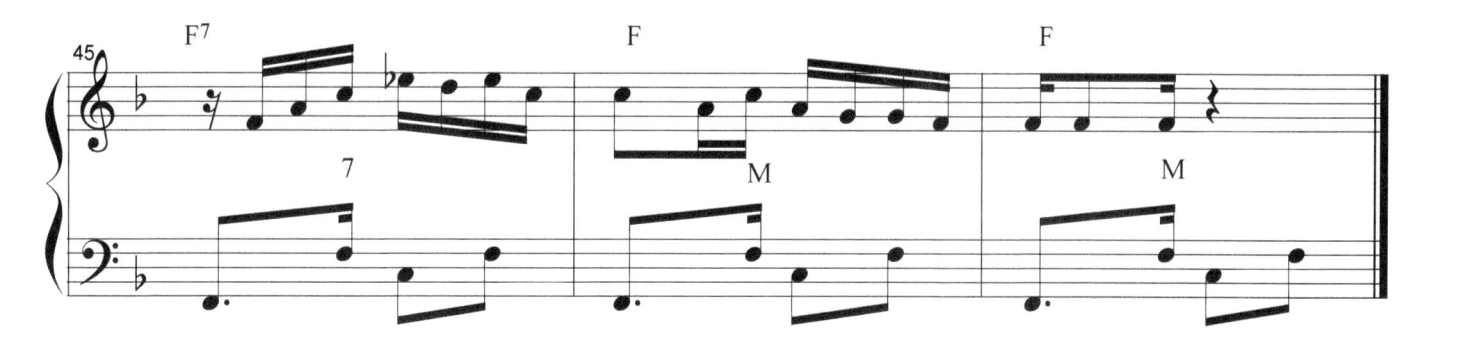

Ai, ai, que bom
Que bom, que bom que é
Uma estrada e uma cabocla
Com a gente andando a pé

Ai, ai, que bom
Que bom, que bom que é
Uma estrada e a lua branca
No sertão de Canindé

Automóvel lá nem se sabe
Se é "home" ou se é "muié"
Quem é rico anda em burrico
Quem é pobre, anda a pé

Mas o pobre vê na estrada
O "orvaio" beijando a "frô"
Vê de perto o galo campina
Que quando canta, muda de cor

Vai "moiando" os pés no riacho
Que água fresca, nosso Senhor
Vai "oiando" coisa a "grané"
Coisas que, pra "mode" ver
O cristão tem que andar a pé

Eu só quero um xodó

Arranjo p/ acordeom: Prof. Roberto Bueno

Anastácia e Dominguinhos

21
Am
Gm
C7
m
m
m
7
25
F
B♭
F
Dm
M
M
M
m
29
Am
Gm
C7
m
m
7
33
F
Cm
B♭
M
M
m
M
37
F
F7
B♭
M
M
7
M
41
G7
Dm
Gm
7
m
m

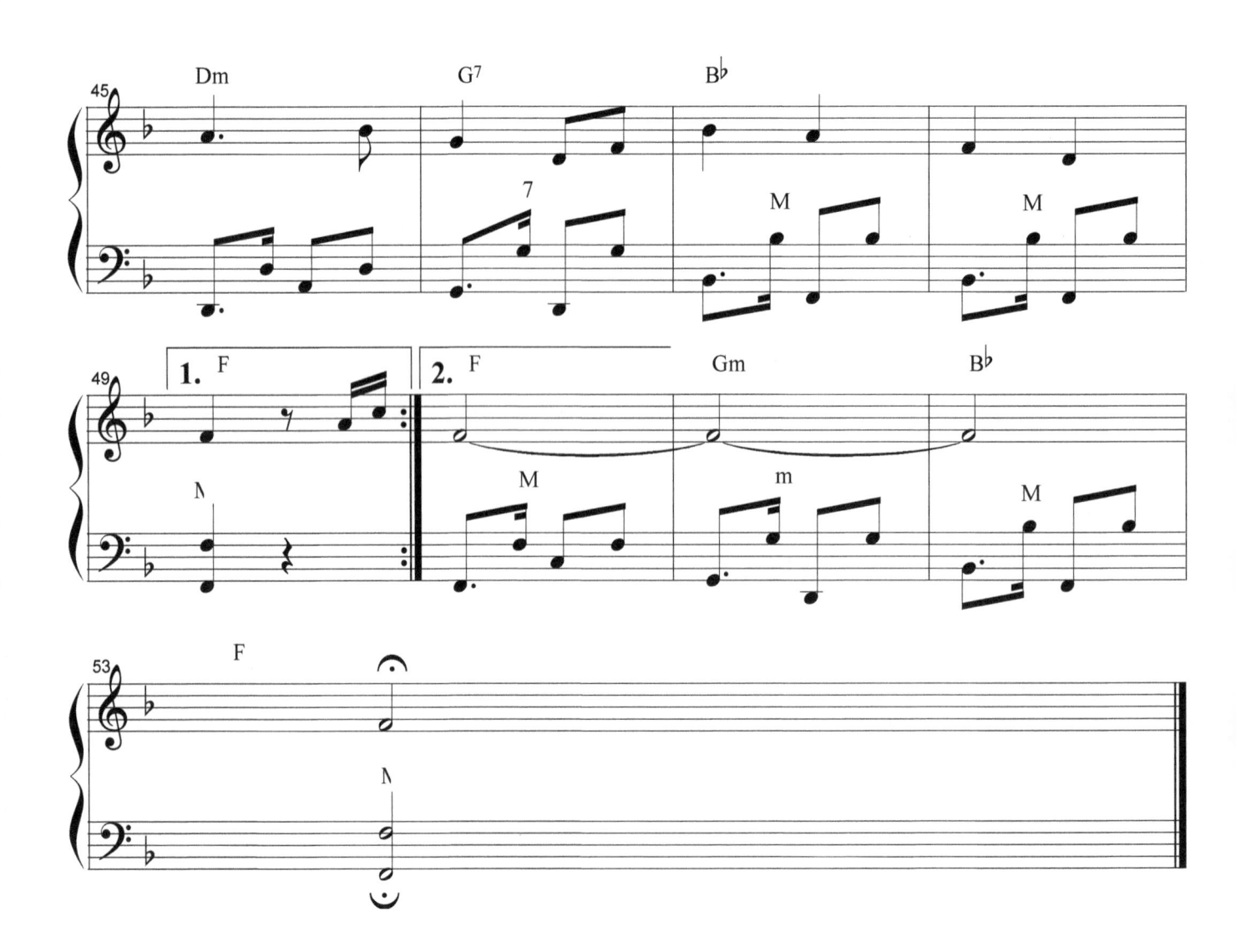

Que falta eu sinto de um bem
Que falta me faz um xodó
Mas como eu não tenho ninguém
Eu levo a vida assim tão só
Eu só quero um amor
Que acabe o meu sofrer
Um xodó pra mim do meu jeito assim
Que alegre o meu viver

Gostoso demais

Arranjo p/ acordeom: Prof. Roberto Bueno

Dominguinhos e Nando Cordel

Copyright © 1986 by UNIVERSAL MUSIC PUBLISHING MGB BRASIL LTDA (100%)

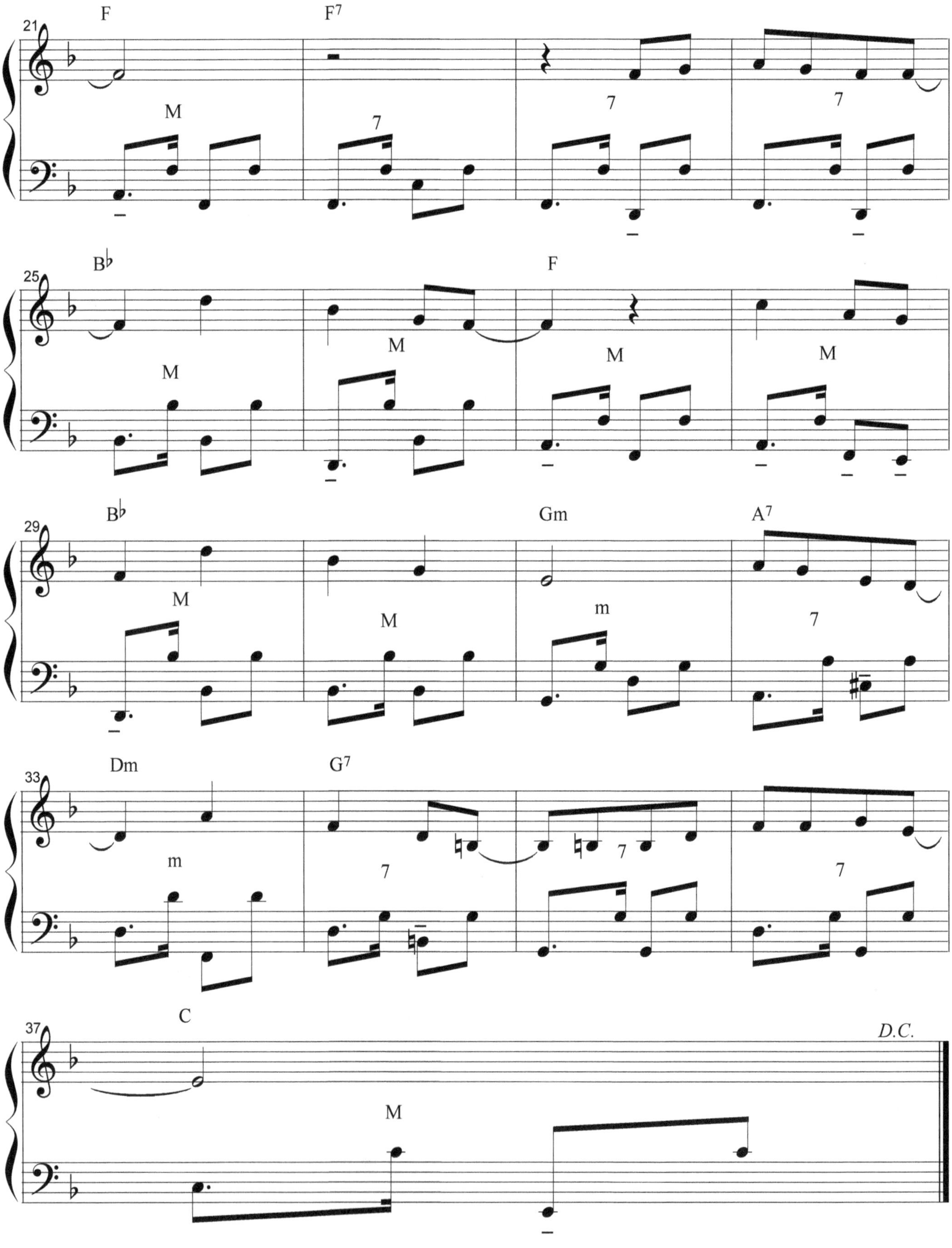
21
F
F7
M
7
7
7
25
B♭
F
M
M
M
M
29
B♭
Gm
A7
M
M
m
7
33
Dm
G7
m
7
7
7
37
C
D.C.
M

Tô com saudade de tu, meu desejo
Tô com saudade do beijo, do mel
Do teu olhar carinhoso
Do teu abraço gostoso
De passear no teu céu

É tão difícil ficar sem você
O teu amor é gostoso demais
Teu cheiro me dar prazer
Eu, quando estou com você
Estou nos braços da paz

Pensamento viaja
E vai buscar meu bem querer
Não dá pra ser feliz assim
Tem dó de mim
O que é que eu posso fazer

Isso aqui tá bom demais

Arranjo p/ acordeom: Prof. Roberto Bueno

Dominguinhos e Nando Cordel

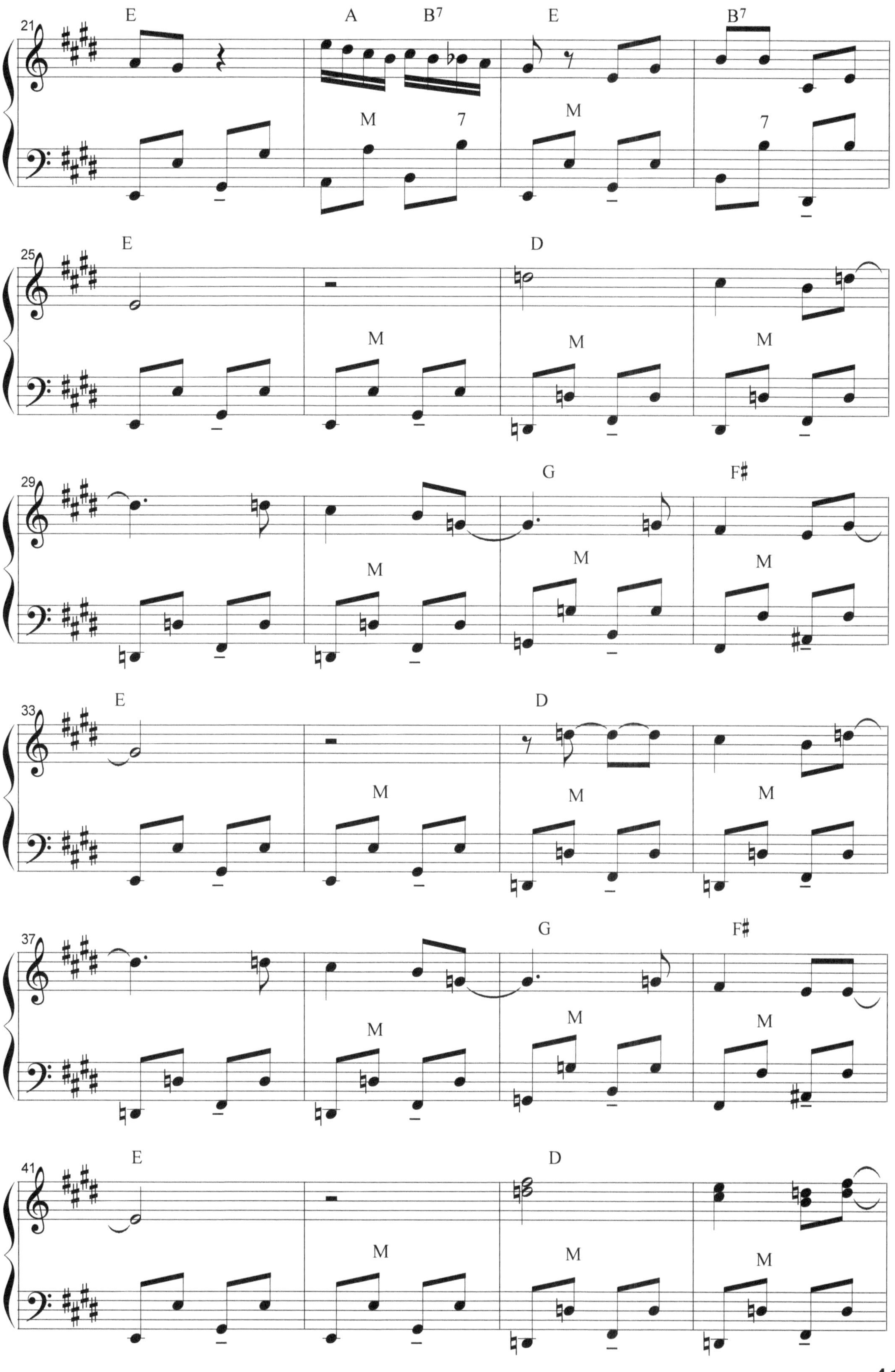
21
E
A
B7
E
B7
M
7
M
7
25
E
D
M
M
M
29
G
F♯
M
M
M
33
E
D
M
M
M
37
G
F♯
M
M
M
41
E
D
M
M
M

REFRÃO:
Olha, isso aqui tá muito bom
Isso aqui tá bom demais
Olha, quem tá fora quer entrar
Mas quem tá dentro não sai
Pois é
Olha, isso aqui tá muito bom
Isso aqui tá bom demais
Olha, quem tá fora quer entrar
Mas quem tá dentro não sai

Vou me perder, me afogar no teu amor
Vou disfrutar, me lambuzar nesse calor
Te agarrar pra descontar minha paixão
Aproveitar o gosto dessa animação

(REFRÃO)

Lamento sertanejo
(Forró do Dominguinhos)

Arranjo p/ acordeom: Prof. Roberto Bueno

Dominguinhos e Gilberto Gil

Por ser de lá
Do sertão, lá do cerrado
Lá do interior do mato
Da caatinga, do roçado
Eu quase não saio
Eu quase não tenho amigo
Eu quase que não consigo
Ficar na cidade sem viver contrariado

Por ser de lá
Na certa, por isso mesmo
Não gosto de cama mole
Não sei comer sem torresmo
Eu quase não falo
Eu quase não sei de nada
Sou como rês desgarrada
Nessa multidão, boiada caminhando à esmo

Nilopolitano
(Homenagem a Nilópolis)

Arranjo p/ acordeom: Prof. Roberto Bueno

Dominguinhos

Copyright © 1985 by UNIVERSAL MUSIC PUBLISHING MGB BRASIL LTDA (100%)

18
M
M
M
M
22
M
M
M
M
26
M
M
M
M
30
M
F
M
C7
7
F
M
34
G
C7
Fm 7/9
Fm
E♭m
Cm7
Bm7
B♭m7
Am7
B.S
3
3
38
Bm
Em
Am 7/11
G 7/9
C7
F
1.
M

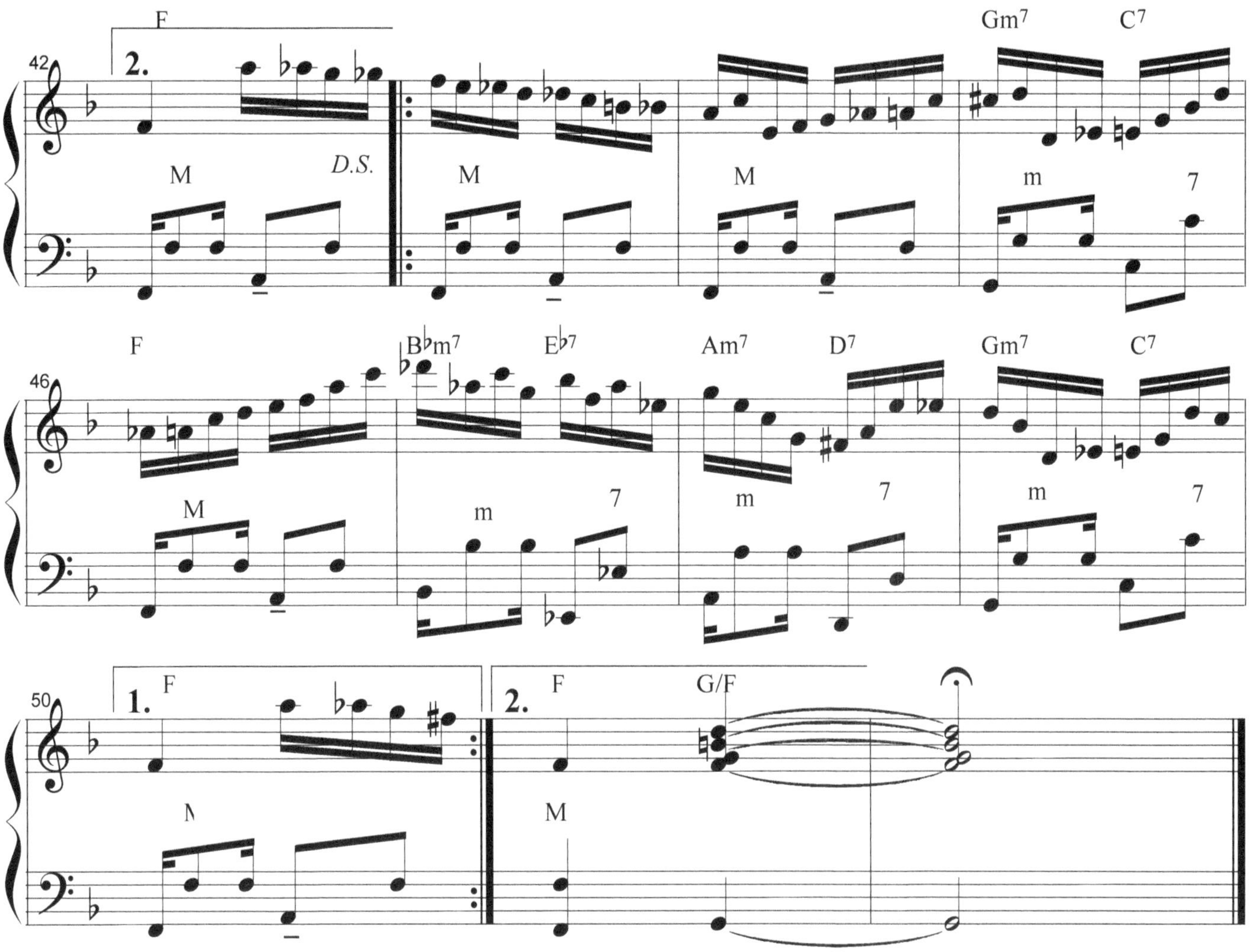
42
F
2.
D.S.
Gm7 C7
M
m 7
46
F
B♭m7 E♭7
Am7 D7
Gm7 C7
50
1. F
2. F
G/F

O xote das meninas

Arranjo p/ acordeom: Prof. Roberto Bueno

Luiz Gonzaga e ZéDantas

G B Em B
M M m M
5
Em D G B
m M M M
5
Em B Em B
m M m M
5 5
Em Am B Em Am B
m m M m m M
5
Em Am D G B
m m M M M
5
Em B Em B Em
m M m M m
5 5 5

Mandacaru
Quando fulora na seca
É o siná que a chuva chega no sertão
Toda menina que enjoa da boneca
É siná que o amor já chegou no coração

Meia comprida
Não quer mais sapato baixo
Vestido bem cintado
Não quer mais vestir de mão

REFRÃO:
Ela só quer
Só pensa em namorar
Ela só quer
Só pensa em namorar

De manhã cedo já tá pintada
Só vive suspirando
Sonhando acordada
O pai leva ao dotô
A filha adoentada
Não come, nem estuda
Não dorme, não quer nada

(REFRÃO)

Mas o dotô nem examina
Chamando o pai do lado
Lhe diz logo em surdina
Que o mal é da idade
Que pra tal menina
Não tem um só remédio
Em toda medicina

(REFRÃO)

Pedras que cantam

Arranjo p/ acordeom: Prof. Roberto Bueno

Dominguinhos e Fausto Nilo

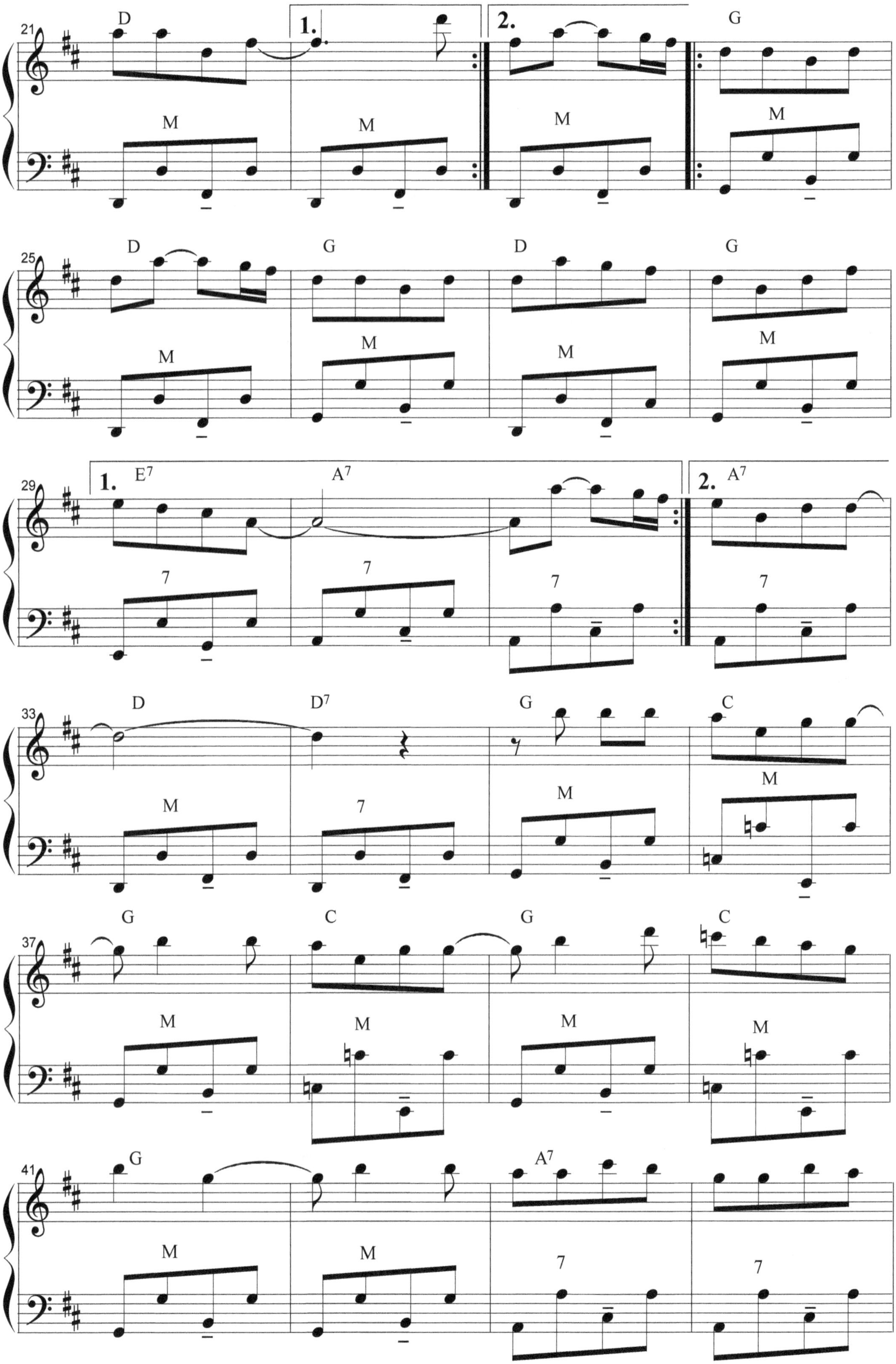
21 D 1. 2. G
M M M M
25 D G D G
M M M M
29 1. E7 A7 2. A7
7 7 7 7
33 D D7 G C
M 7 M M
37 G C G C
M M M M
41 G A7
M M 7 7

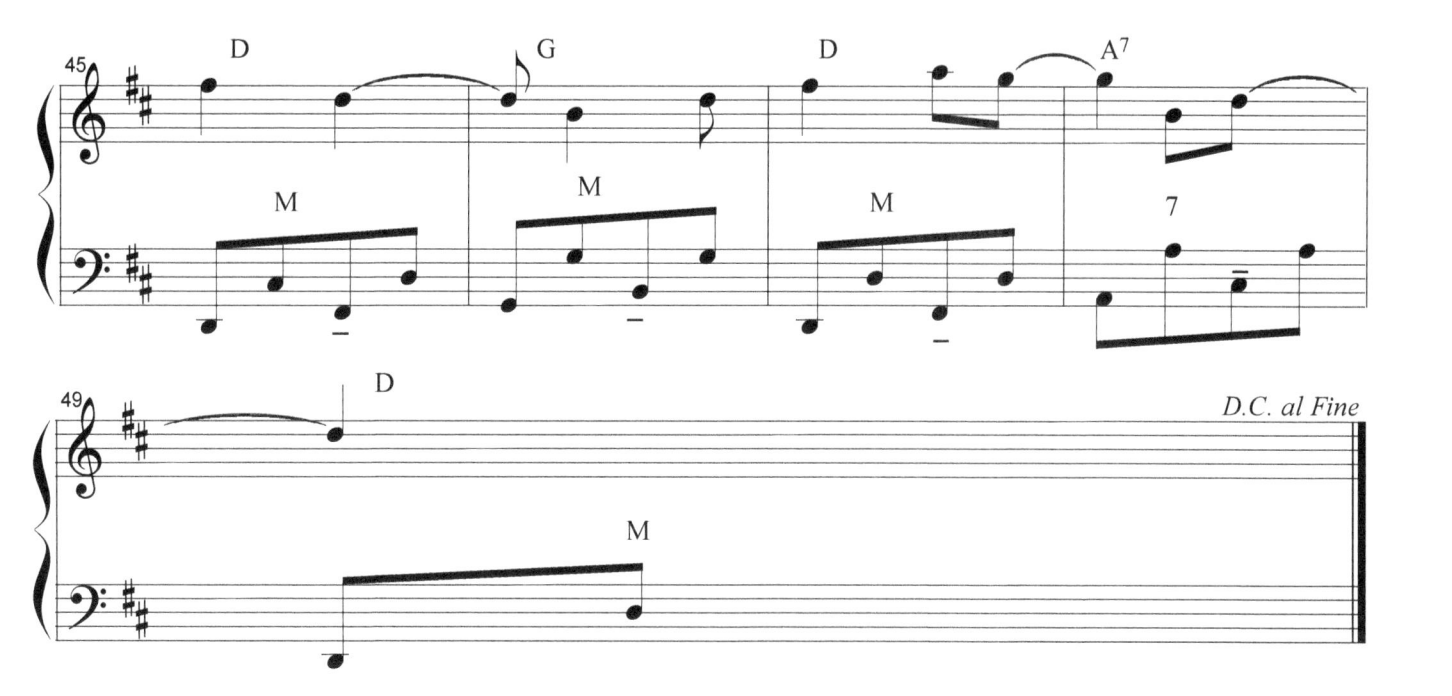

Quem é rico mora na praia
Mas quem trabalha não tem onde morar
Quem não chora dorme com fome
Mas quem tem nome joga prata no ar

Ô tempo duro no ambiente
Ô tempo escuro na memória
Ô tempo é quente
E o dragão é voraz

Vamos embora de repente
Vamos embora sem demora
Vamos pra frente, que pra trás não dá mais

Pra ser feliz num lugar
Pra sorrir e cantar
Tanta coisa a gente inventa
Mas no dia que a poesia se arrebenta
É que as pedras vão cantar

Xamego
Baião

Arranjo p/ acordeom: Prof. Roberto Bueno

Luiz Gonzaga e Miguel Lima

Copyright © 1943 by IRMÃOS VITALE S/A IND. E COM. (100%)

21
B♭
Cm7
Dm
Cm7
M
m
m
m
25
B♭
F7
B♭
F7
M
7
M
7
29
B♭
Cm7
Dm
Cm7
M
m
m
m
33
B♭
F7
B♭
F7
M
7
M
7
37
B♭
F7
B♭
F7
M
7
M
7
41
1.
B♭
2.
F7
B♭
M
M
7
M

45
F7 Bb F7 Bb
7 M 7 M
49
F7 Bb F7 Bb
7 M 7 M
53
F7 Bb F7 Bb
7 M 7 M
57
F7 Bb Bb F7
7 M M 7
D.S. al Coda
61
Bb F7 Bb F7
M 7 M 7
65
Bb F7
M 7

Vivo procurando alguém
Pra não viver triste assim
Quero arranjar um xamego
Que goste também de mim

A tristeza
Nos meus olhos
Mostra o meu penar
Não encontro
Nesse mundo
Um xamego para amar